L'AMÉLIORATION DU LOGEMENT OUVRIER

ASSOCIATION RECONNUE D'UTILITÉ PUBLIQUE

UNE ENQUÊTE

SUR LE LOGEMENT

DES

FAMILLES NOMBREUSES

A PARIS

PARIS

92, Rue du Moulin-Vert, XIVe Arr^t

1912

UNE ENQUÈTE

sur le logement des familles nombreuses

A PARIS

INTRODUCTION

Quelques personnes autorisées ont, à plusieurs reprises, dénoncé soit au Parlement, soit au Conseil Municipal, les conditions déplorables dans lesquelles sont logées à Paris les familles chargées d'enfants. N'est-ce pas une honte nationale que les familles qui viennent le mieux en aide à la patrie en lui préparant des défenseurs, soient précisément celles qui aient le plus cruellement à souffrir de la crise du logement, crise beaucoup moins douloureuse pour les célibataires ou pour les ménages à descendance prudemment mesurée!

Toutes les personnes mêlées à la vie ouvrière ont partagé l'angoisse de ces parents devant lesquels les portes se ferment d'autant plus vivement que plus grand est le nombre de leurs enfants. Les enfants sont devenus l'effroi des propriétaires, c'est là une vérité qui s'affirme tous les jours davantage. Que de fois n'a-t-on pas vu ce misérable exode de pères et mères courageux, suivis d'une bande d'enfants en bas âge, sollicitant de porte en porte un engagement de location, montrant à des concierges indifférents l'argent du « terme d'avance », mais partout repoussés *pour cause de trop nombreuse famille !*

Ce ne sont cependant pas les logements salubres ou relativement élégants que visent ces couples désabusés par l'expérience ; ils savent trop bien qu'un escalier à peu près balayé n'est pas fait pour être foulé par les pieds de leur petits. Connaissant la préférence des propriétaires et des concierges pour les célibataires et les familles restreintes, c'est aux maisons tarées qu'ils s'adressent spontanément, à celles où l'air et la lumière sont parcimonieusement comptés. Acculés à la nécessité de débarrasser la voie publique, ils s'entassent alors dans des rez-de-chaussée ruisselants d'humidité, dans des bouges ignobles où les animaux mêmes ne séjourneraient pas sans danger. Souvent aussi ces familles, dont le nombre des enfants atteste la propreté morale, finissent par échouer dans des hôtels mal famés où la police opère de fréquentes descentes. Et c'est ainsi qu'au contact de souteneurs et de filles, des gamins innocents dégénèrent en apaches le plus naturellement du monde.

Même quand il est de moins bas étage, le « garni » conduit presque toujours la famille qui y tombe à sa perte morale et matérielle ; contaminés par mille germes morbides, les enfants y dépérissent ; privés d'un foyer, les parents s'y dégradent, abandonnent l'habitude de tout travail et vont augmenter la triste masse des déchets sociaux.

Qui pourrait demeurer indifférent devant ces désastres familiaux, trop peu connus malheureusement, parce que disséminés, mais dont la somme atteint la proportion d'un désastre public ?

La question du logement des familles nombreuses est donc une question vitale pour notre pays. Il s'agit de son avenir même. Conserver des soldats à la France est une tâche plus utile encore que forger des canons et construire des cuirassés. M. Paul Strauss pouvait naguère écrire en toute vérité : « Il n'y a pas de question plus mûre et plus « opportune que celle-là. L'opinion est unanime à « accueillir favorablement toutes les mesures destinées à « organiser sur de fortes bases la protection des familles « nombreuses, surtout en ce qui concerne la sauvegarde « du foyer et des berceaux ».

Le problème se pose avec une telle acuité qu'il y aurait réellement crime de lèse-patrie à l'ignorer de parti pris et à refuser d'y porter remède par insouciance ou égoïsme.

L'éloquence des chiffres

L'Amélioration du Logement Ouvrier, association reconnue d'utilité publique par décret du 29 janvier 1910,
s'efforce depuis dix ans de porter remède aux difficultés
qu'éprouvent à se loger les familles nombreuses. Elle leur
vient en aide de diverses façons :

1° en distribuant des secours de loyer.

2° en faisant sortir d'hôtel un grand nombre de ces
familles et en leur reconstituant un foyer.

3° en accordant des primes de loyer, calculées au
prorata des charges et en raison inverse des ressources de
chaque famille.

4° en mettant un garde-meuble gratuit à la disposition
des familles qui n'ont pu éviter de tomber en hôtel meublé et en empêchant ainsi la ruine définitive du
foyer,

5° en participant dans une large mesure à la construc-
tion de maisons à bon marché spécialement destinées à
recevoir les familles nombreuses.

Impuissante, malgré la multiplicité de ses services, à soulager efficacement un mal aussi profond, *L'Amélioration du Logement Ouvrier* appelle de tous ses vœux l'intervention du législateur et des pouvoirs publics.

Pour éclairer l'opinion elle a pris, au mois de janvier dernier, l'initiative d'une vaste enquête sur les logements des familles nombreuses à Paris et dans la banlieue. Elle fit appel aux œuvres et aux sociétés qui s'intéressent à la classe ouvrière, en les priant de remplir les feuilles d'enquête préparées par ses soins (1). Beaucoup y consentirent. Les Conférences de Saint-Vincent de Paul, la Société des Visiteurs, plusieurs directeurs d'écoles communales et d'écoles libres, et tout particulièrement l'Office central des œuvres de bienfaisance, lui prêtèrent un si intelligent et dévoué concours qu'au mois d'octobre dernier, 2.787 enquêtes étaient réunies au siège social, 92, rue du Moulin-Vert.

Un exemplaire du questionnaire avec les réponses suffira à faire connaître la nature de cette enquête et sur quels points était appelée l'attention de nos collaborateurs.

(1) Nous adressons de très chaleureux remerciements aux enquêteurs de bonne volonté qui ont bien voulu nous aider dans notre tâche laborieuse.

Famille : R. E.

Adresse : Rue Boulay   **N°** 23   **Arr**ᵗ : 17ᵉ

Date : 2 avril 1911.

COMPOSITION DE LA FAMILLE

	Age	Profession	Gain journalier	Santé
Père	40	homme de peine	4 fr. 50	bronchite chronique
Mère	45	sans profession		
1. garçon	13	à l'école		
2. fille	12	—		
3. fille	9	—		anémiée
4. garçon	6	—		
5. garçon	4			rachitique
6. garçon	1 1/2			
7.				
8.				
1.				
2.				

ENFANTS (Indiquer leur sexe) — lignes 1 à 8
Autres personnes cohabitant — lignes 1 et 2

Loyer *par an* : 300 francs.   *Par trimestre* : 75 francs.

DESCRIPTION GÉNÉRALE DE L'IMMEUBLE

Préciser quelques détails typiques { *Est-il vieux ?* Oui.

Délabré ? Oui, maison mal entretenue, humide, mauvaises odeurs.

Est-ce un hôtel meublé ? Non *Combien a-t-il d'étages ?* deux

DESCRIPTION DU LOGEMENT

Quel étage ? Rez-de-chaussée. *Quelle orientation ?* Nord-Est

	1re pièce	2e pièce	3e pièce	Cabinet sans fenêtre
Dimensions (Indiquer longueur, hauteur, largeur, et multiplier pour trouver le cube).	long. 3m50 larg. 3m50 haut. 2m50 Mètres cubes : 30 m 62	long. 2m larg. 2m haut. 2m50 Mètres cubes : 10 m		taudis sans air.
Fenêtres (Indiquer si elles sont grandes ou petites, sur rue ou sur cour).	une assez grande sur la rue	une petite sur la cour		
Lits (Nombre de lits par chambre, nombre de personnes par lit, leur âge).	1 lit pour les parents, un matelas par terre pour les 2 filles.	1 lit pour les 4 garçons, deux à la tête et deux au pied.		
Chauffage	poêle			
Cuisine	dans la chambre principale			
Humidité	très humide			
Odeurs	Odeur de moisi			

Cabinets d'aisances, *communs ou particuliers ?* communs
— *avec ou sans chasse d'eau ?* sans chasse d'eau.

OBSERVATIONS *(au verso)*

Ne pouvant mettre sous les yeux du public les 2.787 dossiers réunis par ses soins, *L'Amélioration du Logement Ouvrier* s'est livrée à un travail de statistique qui documentera les personnes soucieuses d'enrayer l'effroyable dépopulation de notre pays (1). Aussi longtemps que les familles nombreuses ouvrières resteront les parias de la Société, comment espérer que le nombre des naissances s'accroîtra ?

Une réflexion s'impose tout d'abord. Tout budget, quel qu'il soit, doit être divisé en deux parties : la partie incompressible, représentée par les frais de nourriture, de maladie, de chauffage, d'éclairage, c'est-à dire celle qui entretient directement la vie, et la partie variable, qui comprend en premier lieu le loyer.

Dans le budget d'une famille bourgeoise de fortune moyenne, les autres dépenses étant suffisamment assurées, le loyer représente environ un cinquième du revenu total ; mais dans la classe ouvrière, les ressources étant trop fortement entamées par l'entretien de chaque jour, il ne reste plus à attribuer au loyer qu'un sixième, voire un huitième du salaire. Encore faut-il observer que, toutes proportions gardées, le prix d'un logement dépasse très sensiblement celui d'un appartement bourgeois et que la hausse des loyers se fait sentir d'une façon exorbitante dans les quartiers populeux (2). Il n'est presque

---

(1) *L'Amélioration du Logement Ouvrier* tient à la disposition de tous ceux qui voudraient les consulter, ces enquêtes, classées par numéro d'ordre et par arrondissement.

(2) Il vient d'être procédé à une enquête officielle sur le mouvement du prix des loyers à Paris depuis 1900. Cette enquête, qui met en évidence l'accroissement important qu'a subi en ces dernières années le prix des locations, et en particulier des petits loyers, a porté sur 391 immeubles répartis dans 35 quartiers et comptant 7.058 logements. Pour chacun de ceux-ci on a relevé le prix du loyer à trois époques différentes : en 1900,

jamais fait de réparations dans les logements habités par les familles ouvrières, aussi nombre d'immeubles rapportent-ils 10 et 12 0/0 à leurs propriétaires.

Ainsi que le démontre les moyennes faites sur les enquêtes de *L'Amélioration du Logement Ouvrier*, le cube d'air accordé à chaque personne dans les logements des familles nombreuses est de 9^{m3} environ, alors que le règlement sanitaire de la Ville de Paris en exige 16 comme minimum. Un déficit de 7^{m3} sur 16, voilà qui explique en grande partie les effroyables progrès de la tuberculose à Paris.

M. Bertillon affirme de son côté que 332.000 personnes vivent à Paris dans un état d'encombrement excessif et que 23.000 ménages de trois à dix personnes sont logés dans deux pièces. Nous déclarons avec lui qu'un tel état de chose constitue un péril pour la nation entière par les maladies qu'il engendre et par les répercussions incalculables qu'il entraîne.

Il n'y a pas dix-huit familles nombreuses sur cent

---

en 1910 et au mois de juin 1911. Les résultats de l'enquête sont résumés dans le tableau ci-dessous :

Catégories de loyers	Nombre de loyers	Prix moyen du loyer annuel en		
		1900	1910	Juin 1911
De 1 à 249 francs..........	2.121	167	191	200
De 250 à 499 francs..........	3.385	361	401	420
De 500 à 999 francs..........	1.269	682	736	762
De 1.000 à 2.500 francs..........	285	1.483	1.569	1.609

Ainsi donc, de 1900 à juin 1911, le prix moyen des loyers parisiens inférieurs à 250 francs a augmenté de 20 0/0 ; celui des loyers de 250 à 500 frs a augmenté de 16 0/0 ; celui des loyers de 500 à 1.000 francs a augmenté de 12 0/0 et celui des loyers de 1.000 à 2.500 francs a augmenté de 9 0/0.

La hausse des loyers a été surtout rapide de 1910 à 1911, le taux d'accroissement en cette période atteignant presque la moitié du taux d'accroissement total constaté de 1900 à 1910.

qui aient la possibilité de réserver dans leur logement une pièce de réunion où personne ne couche.

Nous avons constaté avec plaisir, que les parents séparent pour la nuit autant que faire se peut leurs enfants de sexe différent. Garçons et filles couchent trop souvent, et pour cause, dans une même chambre ; mais rarement dans un même lit. On voit par exemple quatre garçons dans un même lit et une ou deux filles dans un autre. De même le père couche fréquemment avec plusieurs de ses fils tandis que la mère partage le lit de ses filles. Les familles nombreuses *veulent* être morales et si elles ne le sont pas toujours c'est parce qu'elles ne le *peuvent* pas.

Nous terminons ce chapitre en mettant sous les yeux du lecteur les moyennes relevées dans les arrondissements où les enquêtes ont été les plus nombreuses et les plus complètes.

Pour le XIIIe arrondissement nous renvoyons à l'article remarquable publié par M. le Dr Mangenot dans la *Revue Philanthropique* du 15 octobre dernier. M. le Dr Mangenot, qui a fait lui-même la presque totalité des enquêtes dont il rend compte, a pu multiplier les observations et fournir des indications d'autant plus précieuses qu'il est particulièrement qualifié pour traiter un sujet touchant de si près à l'hygiène.

XIVᵉ arrondissement

Le loyer représente le 7ᵉ du salaire.

Le cube d'air total par personne est de 8^{m3}97.

Moyenne des salaires par jour et par *famille*....   5 fr. 55

Moyenne du loyer par jour et par *famille*.......   0   72

Il reste pour l'entretien par jour et par *personne*.   0   82

Nous trouvons :

21	logements sur cent de	1 pièce
60	— —	2 —
19	— —	3 —

Nous trouvons :

2	logements sur cent abritant	10	personnes
5	— — —	9	—
7	— — —	8	—
12	— — —	7	—
25	— — —	6	—
30	— — —	5	—
19	— — —	4	—

Prix moyen de la pièce d'habitation : 131 fr.-40.

Sur cent domiciliés nous comptons 57 enfants de moins de 15 ans.

XVᵉ arrondissement

Le loyer représente le 8ᵉ du salaire.

Le cube d'air total par personne est de 11^{m3}42.

Moyenne des salaires par jour et par *famille*....   8 fr. 47

Moyenne du loyer par jour et par *famille*.......   0   89

Il reste pour l'entretien par jour et par *personne*.   0   96

Nous trouvons :

13	logements sur cent de	1 pièce
74	— —	2 —
12	— —	3 —
1	— —	4 —

Nous trouvons :

3 logements sur cent abritant			12	personnes	
1	—	—	—	11	—
6	—	—	—	9	—
7	—	—	—	8	—
24	—	—	—	7	—
26	—	—	—	6	—
32	—	—	—	5	—
1	—	—	—	4	—

Prix moyen de la pièce d'habitation : 169 fr. 60.

Sur cent domiciliés nous comptons 57 enfants de moins de 15 ans.

XIXe arrondissement

Le loyer représente le 6e du salaire.

Le cube d'air total par *personne* est de $9^{m3}73$.

Moyenne des salaires par jour et par *famille*....   5 fr. 43

Moyenne du loyer par jour et par *famille*.......   0   65

Il reste pour l'entretien par jour et par *personne*.   0   67

Nous trouvons :

47 logements sur cent de 1 pièce				
47	—	—	2	—
6	—	—	3	—

Nous trouvons :

3 logements sur cent abritant			12	personnes	
1	—	—	—	11	—
1	—	—	—	10	—
8	—	—	—	9	—
12	—	—	—	8	—
25	—	—	—	7	—
27	—	—	—	6	—
16	—	—	—	5	—
7	—	—	—	4	—

Prix moyen de la pièce d'habitation : 146 francs.

Sur 100 domiciliés nous comptons 62 enfants de moins de 15 ans.

XXe arrondissement

Le loyer représente le 8e du salaire.

Le cube d'air total par personne est de 10^{m3}85.

Moyenne des salaires par jour et par *famille*....   6 fr. 45

Moyenne du loyer par jour et par *famille*.......   0   71

Il reste pour l'entretien par jour et par *personne*   0   80

Nous trouvons :

22	logements de	1	pièce
63	—	2	—
14	—	3	—
1	—	4	—

Nous trouvons :

1	logement sur cent abritant	13	personnes
1	—	—	—	12	—
8	—	—	—	11	—
6	—	—	—	10	—
10	—	—	—	9	—
6	—	—	—	8	—
25	—	—	—	7	—
24	—	—	—	6	—
16	—	—	—	5	—
3	—	—	—	4	—

Prix moyen de la pièce d'habitation : 131 fr. 40.

Sur cent domiciliés nous comptons 67 enfants de moins de 15 ans.

En regard de ce travail statistique nous croyons utile d'indiquer l'effrayante progression des hôtels meublés dont la clientèle est exclusivement ouvrière.

Voici pour les cinq dernières années l'état numérique des garnis nouvellement ouverts dans les arrondissements de la périphérie, tel que M. le Préfet de Police a bien voulu nous le communiquer à la fin de décembre 1911 :

Arrondissements		1907	1908	1909	1910	1911
11e	garnis......	1	4	7	10	21
	chambres ..	25	155	193	1123	658
12e	garnis......	2	3	10	5	4
	chambres ..	51	24	160	106	179
13e	garnis......	4	4	4	7	14
	chambres ..	74	88	70	120	337
14e	garnis......	4	4	6	7	14
	chambres ..	111	73	144	166	216
15e	garnis......	6	7	11	4	17
	chambres ..	146	152	321	91	388
16e	garnis......	»	»	»	»	1
	chambres ..	»	»	»	»	16
17e	garnis......	1	1	4	5	26
	chambres ..	35	16	49	107	670
18e	garnis......	3	5	20	10	45
	chambres ..	45	120	545	257	1400
19e	garnis......	2	4	6	4	6
	chambres ..	53	115	124	119	203
20e	garnis......	4	3	1	6	17
	chambres ..	131	61	35	127	535
Totaux par année...		27	34	69	58	165
		671	804	1649	2216	4600

Totaux généraux.......... 353 garnis
9.940 chambres

Comme la chute en hôtel meublé est une cause à peu près certaine de déchéance totale, on peut, d'après les chiffres que nous venons de citer, mesurer la gravité toujours croissante de la crise du logement à Paris.

Quelques visites
à des familles nombreuses

Parmi l'immense quantité de situations angoissantes que nous ont révélées nos enquêtes, nous en prenons quelques unes un peu au hasard et nous les mettons sous les yeux du lecteur. Elles se passent de commentaires.

X^e arrond^t. — N° 11

Nous voyons ici un nettoyeur de carreaux qui habite avec sa femme et ses cinq enfants une chambre meublée, louée 8 francs la semaine ; c'est à grand peine qu'ils ont pu trouver à s'y loger. L'unique fenêtre donne sur une petite cour sombre qui sert de dépotoir à toutes les immondices de la maison. L'ouverture de la fosse d'aisance se trouve à proximité du logement et laisse filtrer des gaz méphitiques. La chambre est très sombre, il y faut de la lumière en plein jour.

XIe arrond^t. — N° 4

Dans cette famille, les parents, non contents d'entretenir leurs six enfants, ont recueilli un neveu orphelin âgé de neuf ans.

Le logement est composé de trois pièces : la cuisine-salle à manger, mesurant 29^{m3}56, la chambre, mesurant 4^{m3}36, et un cabinet sans fenêtre, mesurant 3^{m3}54.

La mère, le fils aîné et le neveu sont tuberculeux et les autres enfants sont menacés de le devenir. Le logement est tenu proprement malgré son exiguïté (4^{m3}16 par personne). Le loyer est de 260 francs par an.

XIe arrond^t. — N° 5

Une chambre meublée louée 8 francs la semaine. Le père, tuberculeux et alité, couche seul dans l'unique lit. La mère et les cinq enfants couchent par terre sur des paillasses.

XIVe arrond^t. — N° 293

Le père, la mère et leurs six enfants, après avoir subi nombre d'expulsions, construisirent pour s'y loger une baraque en planches dans un jardin qu'ils avaient en location. Mais la baraque devenant trop petite le père a loué sur la zone militaire de Vanves un terrain de 100 mètres de superficie pour 100 francs. Il a l'intention d'y construire une maison en carreaux de plâtre à mesure que ses gains lui permettront d'acheter les matériaux. Pour hâter la réalisation de ce projet, le gérant des terrains lui offre de la lui bâtir pour 750 à 800 francs payables par annuités.

XVe arrond^t. — N° 1270

Il s'agit d'un ménage avec cinq petits garçons de 14 ans à 17 mois. Les habitudes sans doute un peu turbulentes de ses petits locataires justifient-elles le geste du propriétaire venant un jour rapporter au père de famille les 90 fr., montant du terme courant déjà payé et lui faisant signifier congé par huissier.

Les voisins ameutés ont empêché l'expulsion pour cette fois, mais à la prochaine sommation il faudra bien déguerpir. Tous ces marmots sont parfaitement sains et bien portants ; il serait à souhaiter que des milliers d'enfants semblables soient donnés en espoir à la France. Mais comment les parents ne se décourageraient-ils pas devant l'indifférence et l'égoïsme général ?

XVᵉ arrondⁱ. — Nᵒ 962

Cette famille a été expulsée il y a quatre ans, en même temps que deux autres familles nombreuses, d'une maison de la rue Rouelle, ne devant rien, mais parce que le nombre des enfants allait toujours en s'accroissant. Les meubles furent d'abord mis au garde-meuble, puis vendus peu à peu pour solder les frais de l'hôtel où ces pauvres gens ont dû se réfugier dans une pièce qu'ils payent 7 francs par semaine. Ils désespèrent maintenant de reconstituer leur foyer et vivent dans une chambre garnie, tous pêle-mêle ; père, mère et sept enfants de 13 ans à 1 mois dont trois filles et quatre garçons.

XVᵉ arrondⁱ. — Nᵒ 776

Le père, menuisier, la mère et sept enfants ont reçu congé d'un logement où ils étaient établis depuis six ans, ne devant pas un centime, uniquement à cause de leurs enfants. Après avoir cherché des logements « à en perdre la raison », ils ont été enfin acceptés dans une maison très vieille et très branlante, maison si vieille et si branlante qu'on va la démolir et que nos malheureux sont avertis d'avoir à vider les lieux. Ils se désespèrent à la pensée de recommencer les recherches dont ils ont conservé un affolant souvenir. Le loyer avec l'atelier du père est de 380 francs par an.

XVI⁰ arrondᵗ. — N° 1

Deux chambres d'un cube total de 35^{m3} pour neuf et bientôt dix personnes, car un huitième enfant est attendu incessamment.

Dans la première chambre couchent les parents dans un grand lit, une petite fille de 2 ans dans un berceau et quatre garçons de 15 ans, 13 ans, 11 ans et 4 ans dans un même lit, deux à la tête et deux au pied. Dans la deuxième pièce il y a un grand lit où couchent deux fillettes de 9 ans et 7 ans.

Cette famille occupe le même logement depuis 16 ans, tous les enfants y sont nés et la bonne tenue du ménage est un miracle quotidien accompli par la mère. L'aération se fait dans de bonnes conditions, ce qui remédie à l'insuffisance du cube d'air : ($3^{m3}88$ par personne). Le loyer est de 220 francs.

XVI⁰ arrondᵗ. — N° 24

C'est un jeune ménage avec quatre petits enfants dont deux jumeaux. Ils étaient concierges, mais quatre enfants leur étant nés en trois ans, ils durent quitter leur loge.

Huit jours avant les inondations de 1910, ils s'installèrent dans un rez-de-chaussée de la rue Félicien-David d'où ils furent chassés par les eaux. Ils errèrent alors de refuge en refuge jusqu'au mois d'avril dernier où ils louèrent un logement rue de Billancourt. Mais le propriétaire, apprenant le nombre et l'âge des enfants, refusa de les laisser entrer chez lui. A bout de courage ils ont mis leurs meubles dans un garde-meubles et sont venus se réfugier chez la grand'mère. Ils sont sept dans une chambre d'un loyer de 190 francs par an, mesurant $28^{m3}46$, ce qui donne à chacun 4^{m3} d'air à respirer.

XIXe arrond^t. — N° 93

Le père, la mère et sept enfants de 19 ans à 1 an. Le logement est en contre-bas, très humide, les fenêtres au niveau du sol. Dans la maison et les environs se tiennent des femmes de mauvaise vie. Leur tenue et leur manière de vivre sont un triste exemple pour les enfants de cette famille. Le loyer est de 6 francs par semaine.

XIXe arrond^t. — N° 52

Le père, la mère, dix enfants.

Le logement est composé de trois petites pièces et de trois cabinets noirs. Les trois pièces réunies donnent un cube de $59^{m3}85$ ($4^{m3}99$ par personne). Deux des cabinets noirs sont habités la nuit par les enfants, faute de place ailleurs pour étendre les lits. Et ce logement situé au rez-de-chaussée, sur une cour entourée de murs délabrés, est d'un loyer de 420 francs par an !

XIXe arrond^t. — N° 37

Ici habite un ménage avec sept enfants de 17 ans à 1 mois. La maison est très malpropre. Les cabinets d'aisances, situés dans les couloirs et jamais nettoyés, entretiennent dans la maison une odeur qui suffoque. Le loyer est de 270 francs par an.

XIXe arrond^t. — N° 5

La maison habitée par cette famille fait partie d'une sorte de cité composée de plusieurs vieux bâtiments plus branlants les uns que les autres. Les cours sont encombrées de détritus organiques, il en est de même des corridors et des escaliers. Il s'en dégage des miasmes méphitiques qui, chaque été, engendrent des maladies épidémiques. Pour pénétrer dans cette cité, il faut suivre entre deux maisons de six étages un passage de 150 mètres de long sur 0 m. 80 de large, ayant une rigole au milieu pour l'évacuation des eaux. Le loyer est de 5 fr. 50 par semaine.

XXe arrond^t. — N° 68

Voici une des familles les plus chargées d'enfants du XXe arrondissement. Il y en a 14 vivants dont dix habitent encore avec leurs parents.

Renvoyé du logement qu'ils habitaient à Saint-Denis à cause du nombre des enfants, ce ménage visite trente-trois logements vacants et n'est accepté nulle part. A bout de ressources il loue rue Orfila en déclarant n'avoir que cinq enfants, mais la supercherie est découverte et le congé donné le soir même de l'emménagement. Cette famille occupe actuellement un pavillon isolé dont le loyer de 480 francs est au-dessus de ses ressources.

XXᵉ arrondᵗ. — Nᵒ 69

La famille se compose du père, limier, de la mère et de neuf enfants. Tout ce monde vit sur un salaire quotidien de 7 fr. 55.

Nous remarquons ici, comme nous l'avons fait maintes fois, que les sexes sont soigneusement séparés pour la nuit. Le père couche avec ses deux garçons tandis que la mère partage le lit de ses trois dernières filles. Les quatre autres filles couchent dans deux lits.

Il y a un cabinet d'aisances pour toute la maison. Le loyer est de 295 francs par an pour deux pièces.

XXᵉ arrondᵗ. — Nᵒ 41

Une seule pièce où couche la mère veuve avec trois fils : 19 ans, 10 ans, 10 mois, et trois filles : 12 ans, 8 ans, 3 ans.

Une fille de 22 ans dont le mari est au service militaire vient d'y passer plusieurs semaines avec ses deux bébés, elle y a mis au monde un troisième enfant. Nous ne pouvons que conclure avec l'enquêteuse : c'est miracle qu'elle ait survécu. L'unique pièce qui mesure 70^{m3} est louée 340 francs par an.

XXᵉ arrondᵗ. — Nᵒ 31

Nous lisons dans cette enquête : «L'impasse Dhéron où habite cette famille est une des plus mal famées de Paris, mais on y reçoit les enfants, c'est ce qui force quelques familles honnêtes à y demeurer ».

XXᵉ arrondᵗ. — N° 74

Le père, homme de peine, atteint d'un anévrisme, la mère tuberculeuse, cinq enfants chétifs de 13 ans à 1 an. Cette famille habitait une des maisons les plus insalubres du XXe arrondissement d'où elle a été cependant expulsée comme possédant trop d'enfants. Après avoir fait tout le quartier pour trouver un logement, elle est venue échouer à l'hôtel où elle occupe actuellement un réduit de 50^{m3} qu'elle paie 5 fr. 50 la semaine. Et pour y être reçus, les parents n'ont déclaré que deux enfants et ont introduit les autres dans des sacs.

XXᵉ arrondᵗ. — N° 101

Le père, la mère, sept enfants dont l'aîné a 15 ans. Cette famille accomplit son quatrième déménagement depuis un an, chaque déménagement étant imposé par une augmentation de loyer. Le propriétaire de l'avant-dernier immeuble par eux habité, voulant se venger d'une dénonciation à la salubrité, les a poursuivis pour paiement de carreaux brisés. Résultat : 71 francs de frais et opposition sur le salaire.

Ce ménage désire vivement obtenir des matériaux avec lesquels il bâtirait lui-même une maison sur un terrain loué. Son logement actuel est d'un loyer de 300 francs par an.

XXᵉ arrondᵗ. — N° 102

Le père a 35 ans, la mère 36 ; ils ont dix enfants dont neuf couchent à la maison. Renvoyés précédemment de leur logement à cause de leur nombreuse famille, ils ont couché trois nuits à la belle étoile.

La maison où ils habitent actuellement est d'une malpropreté repoussante. Au rez-de-chaussée il y a des masures où les chiffonniers remisent leurs marchandises ; il s'en dégage des odeurs fétides.

Loyer : 280 francs par an.

XXe arrond^t. — N° 106

C'est un jeune ménage avec cinq petits enfants qui habite, moyennant un loyer de 250 francs par an, deux pièces assez vastes dont l'une n'a pas de fenêtre et l'autre prend jour sur une cour étroite.

Les rez-de-chaussée forment des magasins où sont remisées des provisions diverses. Il y a plusieurs écuries et les odeurs qui s'en dégagent rendent l'air irrespirable. Les eaux ménagères ne vont pas directement à l'égout mais sont déversées dans la cour, laquelle est traversée par des caniveaux où séjournent le purin des écuries et les eaux sales des ménages.

Nous terminerons ce chapitre par la description de quelques immeubles du XVe arrondissement que nous communique une visiteuse de *L'Amélioration du Logement Ouvrier*.

Rue Desaix : une sorte d'impasse bordée de cabanes en planches vermoulues qui semblent tenir debout par un prodige d'équilibre. Chaque famille loue à bon prix un carré de terrain et construit elle-même son gîte avec de vieux matériaux. Il y a dans l'impasse 95 logements presque tous habités par des familles nombreuses. Dans les vingt familles que nous visitons il y a cent enfants.

Les locataires n'ont l'usage de l'eau que de 5 h. à 9 h. du matin et de 5 h. à 9 h. du soir. Les W.-C. sont communs à tout le passage.

Ces baraques logent en majeure partie des chiffonniers et les détritus qu'ils rapportent chaque matin ne contribuent pas à assainir l'impasse. Dans une petite cour nous trouvons un chiffonnier occupé à trier sa récolte devant une nuée d'enfants, qui, très intéressés par l'opération, respirent à l'envie poussières et microbes. Il y a de tout dans cette cour : des peaux de lapins, des livres, de la vaisselle ébréchée, une cage à perroquet, de vieilles pincettes voisinant avec un habit noir.

En grimpant par une échelle, on arrive au premier et unique étage, au-dessus du magasin à chiffons; là, trois pièces minuscules où l'eau coule le long des murs. La location du terrain est de 412 francs!

Plus loin nous visitons une sorte de poulailler habité par un jeune ménage et cinq petites filles. Deux pièces dont une seule éclairée, rien que des planches mal jointes, il pleut, les lits sont inondés. Le père, tuberculeux, est balayeur de la Ville. « Jusqu'au troisième enfant, nous dit-il, on habitait une maison convenable, au quatrième on a reçu congé, on est tombé en hôtel, pour en sortir on a loué un terrain pour 200 francs par an et on a construit la baraque où nous sommes ».

Et tout le long de l'impasse nous recueillons cette impression d'angoisse qui émane de la famille nombreuse. Jusqu'au troisième enfant on a droit à un logement honorable, mais à partir du quatrième les propriétaires se font inexorables, les concierges grincheux. Il faut employer la ruse pour introduire les enfants dans un nouveau logement, puis on use de prétextes pour expliquer leur présence : c'est une marraine qui doit venir chercher le petit dernier, un pensionnat qui fait attendre une place demandée depuis longtemps.

Mais le gérant se lasse et le congé est bientôt donné. D'étape en étape la famille nombreuse tombe au dernier dernier degré du découragement, souvent de la déchéance morale.

A l'opinion de s'émouvoir, aux législateurs de conclure!

CONCLUSION

Le but à atteindre étant d'augmenter le nombre des maisons salubres exclusivement destinées au logement des familles chargées d'enfants, ce qui importe avant tout, c'est attirer les capitaux vers les sociétés qui construisent et qui exploitent des maisons à bon marché. Nous estimons en effet que, pour mener à bonne fin l'œuvre immense de l'amélioration du logement ouvrier, il faut principalement recourir à l'initiative privée. Des sociétés privées, ouvertes à toutes les bonnes volontés sans acception de croyances religieuses ou d'opinions politiques, sont seules capables, croyons-nous, d'avancer la solution du problème; dégagées de toutes préoccupations électorales, elles peuvent seules agir avec l'indépendance, le désintéressement et la souplesse nécessaires. Le rôle des pouvoirs publics et des municipalités doit se borner à stimuler et à subventionner l'initiative privée sans jamais se substituer directement à elle.

Pour attirer les capitaux, il faut modifier et compléter la loi du 12 avril 1906 sur les habitations à bon marché, en instituant des avantages particuliers en faveur des sociétés qui construisent des maisons à l'usage exclusif des familles nombreuses et qui réduisent à 3 0/0 le maximum du dividende attribué aux actions.

Il faut notamment que les immeubles de ces sociétés soient exemptés de l'impôt foncier et de l'impôt des portes et fenêtres pendant un laps de temps beaucoup plus long que celui (douze ans) fixé par la loi de 1906.

Pour compenser d'autre part les inconvénients qui s'attachent à la possession de titres difficilement négociables en raison de leur faible rendement, il ne serait que juste d'exonérer, ou de dégrever en partie, des droits de mutation par décès ou autrement les actions de sociétés dont le caractère philanthropique se trouverait accentué, tant par la fixation du dividende maximum à 3 0/0 seulement, que par l'affectation statutaire des immeubles au logement des familles ouvrières nombreuses.

Il faudrait enfin que les communes fussent autorisées à garantir sans limitation de durée, et non pas seulement pendant dix ans à partir de leur constitution (art. 6 de la loi du 12 avril 1909), le dividende des actions et l'intérêt des obligations de ces sociétés. En accordant sa garantie moyennant un contrôle financier à déterminer, la Ville de Paris (puisqu'il s'agit surtout du logement ouvrier à Paris), n'assumerait en réalité qu'une charge absolument nulle, ainsi qu'en témoignent, par exemple, les résultats financiers obtenus par la *Société Anonyme des Logements Economiques pour familles nombreuses.*

Cette société possède à Paris quatre immeubles d'une valeur de 2.300 000 francs et loge 2.788 personnes dont 809 parents et 1.979 enfants (soit une moyenne de 5 enfants par famille). Malgré les charges d'une exploitation de cette nature elle a très régulièrement distribué depuis sa fondation un dividende annuel de 3 0/0 à ses actionnaires tout en se constituant des réserves importantes.

Il est certain que si des sociétés de ce genre jouissaient pour leurs dividendes de la garantie de la Ville de Paris, les capitaux se dirigeraient en bien plus grande abondance vers les sociétés d'habitations à bon marché. Sans courir aucun risque, la Ville augmenterait ainsi considérablement la confiance des souscripteurs d'actions, lesquels cesseraient de regarder comme secours de pure bienfaisance des placements dont le caractère philanthropique n'exclut nullement le caractère financier.

Outre cette garantie de dividende, qui d'ailleurs ne leur coûterait rien, les Municipalités doivent encore, sous forme de subventions aux sociétés dont nous nous occupons, contribuer à l'amélioration du logement des familles nombreuses.

Il faut spécialement que la Ville de Paris use largement du droit que la loi du 12 Avril 1906 accorde aux départements et aux communes de céder des terrains à moitié de leur valeur aux sociétés d'habitations à bon marché. Ce droit, la Ville de Paris ne l'a jusqu'ici exercé qu'avec une réserve tout à fait excessive. Nous devons l'inviter à se montrer moins parcimonieuse et la persuader que tout ce que son domaine perdra de ce chef se trouvera amplement compensé par les progrès de la santé publique et la diminution des dépenses d'assistance.

La Ville de Paris ne devrait pas hésiter à ajouter des subventions pécuniaires importantes à ce premier mode de subventions en nature.

Quelle que soit leur bonne volonté, les sociétés qui se consacrent exclusivement au logement des familles nombreuses se trouvent dans l'impossibilité d'atteindre cette catégorie de travailleurs dont le salaire ne supporte pas un loyer de plus de 250 à 300 francs au maximum.

A la *Société des Logements Economiques pour familles nombreuses*, la pièce d'habitation ressort à 100 francs environ (1); le logement de trois pièces revient donc en moyenne à 300 francs et celui de quatre pièces à 400 francs.

Une subvention égale à 20 0/0 des recettes brutes des loyers de cette société permettrait d'abaisser le prix du logement de trois pièces à 240 fr. et celui de quatre pièces à 320 francs. Or la société en question perçoit une somme de 101.500 francs pour ses trois premiers immeubles qui abritent 273 familles composées de 1.964 personnes. Une subvention annuelle de 20.000 francs (soit environ 75 francs par famille) aurait donc pour effet de mettre 273 logements parfaitement salubres et commodes à la portée des familles ouvrières chargées d'enfants.

On sait que l'Assistance publique à Paris distribue à un certain nombre de ménages comptant un minimum de quatre enfants âgés de moins de quinze ans, des secours

---

(1) Nous rappelons que, d'après nos enquêtes, la pièce d'habitation dans les logements ordinaires des familles nombreuses ressort à 142 fr. 32 en moyenne.

de loyer de 30 francs par trimestre, soit 120 francs par an. La simple comparaison de ces chiffres (73 francs d'une part et 120 francs d'autre part) montre qu'il y aurait plus d'avantage à subventionner les sociétés qu'à distribuer des secours individuels de loyer. L'avantage apparaît plus clairement si l'on observe que le secours individuel ne procure nullement l'assainissement du logement, et qu'il incite même, dès qu'il est connu, les propriétaires rapaces à majorer le loyer des bouges où échouent trop souvent les familles nombreuses.

Tels sont les moyens de venir en aide aux familles nombreuses qui nous semblent le plus promptement réalisables. Mais beaucoup d'autres peuvent être employés : création de commissions pour l'assainissement des logements insalubres, caisses de prêt pour aider les ouvriers à se construire eux-mêmes de petites maisons, sociétés se consacrant spécialement à l'installation de cités ouvrières dans la banlieue, etc..

NOTA. -- L' "Amélioration du Logement Ouvrier" qui seconde de tout son pouvoir les efforts tentés en faveur des familles chargées d'enfants, se tient à la disposition de tous ceux qui ont des idées utiles à lui soumettre ou des renseignements à lui demander.

CONSEIL D'ADMINISTRATION

DE

l'Amélioration du Logement Ouvrier

Association fondée en 1902

reconnue d'Utilité Publique par décret du 29 Janvier 1910.

Président :   M. Henry **DEFERT**, *Avocat au Conseil d'Etat et à la Cour de Cassation*, 41, rue Madame.

Vice-Président : M. Pierre **LEDIEU**, *Ingénieur des Constructions Navales*, 6, rue Coetlogon.

Secrétaire :   M. Maurice **COQUELIN**, 61, rue de Vaugirard.

Trésorier :   M. Charles **FOURNIER**, 119, rue de l'Université.

M. Charles **DUPUIS**, *Professeur à l'Ecole des Sciences Politiques*, 15, rue P.-L. Courier.

M. **FRENOY**, *Avocat au Conseil d'Etat et à la Cour de Cassation*, 5, rue Cassette.

M. Ant. **MIMEREL**, *Président de l'Ordre des Avocats au Conseil d'Etat et à la Cour de Cassation*, 205, boulevard St-Germain.

M. **PENET**, *Sous-chef du Contentieux de la Compagnie des chemins de fer Paris-Lyon-Méditerranée*, 203 bis, boulevard Saint-Germain.

M. l'abbé Jean **VIOLLET**, 92, rue du Moulin-Vert.

Imprimerie Veuve DENIS, 31, villa d'Alésia, Paris-14e